A Wakan

Tierkommunikation – Das Praxisbuch

story.one – Life is a story

story.one

1st edition 2024

Production, design and conception:
story.one publishing - www.story.one
A brand of Storylution GmbH

Font set from Minion Pro, Lato and Merriweather.

ISBN: 978-3-7115-0972-7

Hersteller / Manufacturer (GPSR)
Storylution GmbH, Biberstraße 5, 1010 Vienna, Austria
E-Mail: story.one@story.one

Für alle Tiere dieser Welt.

Ohne eure bedingungslose Liebe und Weisheit
wäre die Erde wahrlich ein dunkler Ort.

INHALT

1. Einführung - Was ist Tierkommunikation? 9

2. Tief atmen 13

3. Sich schützen und erden 17

4. Das Kronenchakra öffnen und sich reinigen 21

5. Die Hellsinne 25

6. Die Herzverbindung herstellen 29

7. Das Gespräch führen 33

8. Sich bedanken und die Verbindung lösen 37

9. Warum funktioniert es nicht - Teil I 41

10. Warum funktioniert es nicht - Teil II 45

11. Meine Geschichte - Teil I 49

12. Meine Geschichte - Teil II 53

Wenn du mit den Tieren sprichst, lernst du sie kennen. Wenn du nicht mit ihnen sprichst, lernst du sie nicht kennen. Was du nicht kennst, davor fürchtest du dich. Was du fürchtest, das zerstörst du.

Chief Dan George

1. Einführung - Was ist Tierkommunikation?

Wenn man Bücher über die Tierkommunikation liest, erfährt man zu Beginn meist, wie der Autor oder die Autorin dazu gekommen ist, mit Tieren zu sprechen. Und meistens steht dort so etwas wie „ich habe schon immer mit Tieren geredet“ oder „als Kind konnte ich mich noch ohne Probleme mit Tieren unterhalten, nur später hatte ich es eine Zeit lang verlernt“. Was aber, wenn dies nicht der Fall ist? Was, wenn man sich nicht erinnern kann, jemals mentale Botschaften von Tieren empfangen zu haben? Denn so war es bei mir ...

Natürlich hatte auch ich schon immer eine große emotionale Verbindung zu Tieren. Ich war immer gerne von ihnen umgeben, habe sie oft beobachtet und sogar mit ihnen geredet (manchmal laut, manchmal auch nur in meinem Kopf). Aber ich habe eben nie eine bewusste Antwort erhalten. Und dadurch fand ich es auch etwas entmutigend, als ich mein Studium der Tierkommunikation anfing, dass es niemandem ähnlich ergangen zu sein schien. Denn wie sollte jemand wissen, wie mein Problem zu lösen ist, wenn sie es gar nicht selbst erlebt hatten?

Ich habe dann einfach sehr vieles selbst ausprobiert und geschaut, was mir hilft, beziehungsweise was hinderlich ist. Und diese Erkenntnisse möchte ich jetzt gerne mit dir teilen, wobei wir als Erstes schauen sollten, was Tierkommunikation überhaupt ist.

Tierkommunikation zu erlernen, heißt nichts anderes als unsere naturgegebene Telepathie wiederzuentdecken und diese anzuwenden, um sich mit einem Tier auszutauschen. Telepathie indessen ist die universelle Sprache, die alle Lebewesen – egal ob Mensch, Tier oder sogar Pflanze – verbindet. Wir alle können von Natur aus telepathisch miteinander kommunizieren, mit dem einen feinen Unterschied, dass Menschen diese Form der Kommunikation oftmals vergessen, sobald sie die menschliche Sprache erlernen. Tiere hingegen behalten es zeitlebens bei, telepathisch miteinander zu kommunizieren und auch uns telepathische Botschaften zu schicken, welche allerdings nicht immer bei uns ankommen, da unser Kopf angefüllt ist mit Sorgen, Ideen und Gedanken und so nicht genug Raum für den Empfang von Nachrichten übriglässt.

Um also unsere Telepathie wieder zu nutzen, ist es von essenzieller Notwendigkeit, im Kopf ein bisschen aufzuräumen und sich in der Gegenwart zu verankern, anstatt mit seinen Gedanken ständig in die Vergangenheit oder Zukunft zu flitzen.

Im Folgenden habe ich hierzu ein paar einfache Schritte zusammengefasst, die zur Vorbereitung der Tierkommunikation dienen:

- Tief atmen
- Sich schützen
- Sich erden
- Das Kronenchakra öffnen
- Sich reinigen

Je stiller du bist, desto mehr kannst du hören.

Chinesisches Sprichwort, Verfasser unbekannt

2. Tief atmen

Um die naturgegebene Fähigkeit zur Telepathie wiederzuentdecken, muss man nicht meditieren können, aber es schadet auch nicht, wenn man in dieser Richtung bereits Erfahrungen gesammelt hat. Denn je besser man den Fokus in der Gegenwart halten kann, desto einfacher gestaltet sich ein Gespräch mit einem Tier.

Solltest du neu in dem Thema sein, habe ich deshalb eine kleine Auswahl an einfachen Techniken zusammengestellt, die dies ermöglichen:

- Sich auf den eigenen Atem konzentrieren. Atme tief in den Bauch ein und nimm bewusst wahr, wie die Luft in den Körper strömt, wie sich der Bauch hebt und senkt und wie die Luft wieder durch die Nase oder den Mund ausgeatmet wird. Der große Vorteil dieser Technik ist, dass man sie zu jeder Zeit und überall anwenden kann.
- Sich auf einen Gegenstand fokussieren. Man kann zum Beispiel einen Kristall in die Hand nehmen und dessen Struktur, Farbe und

Form betrachten. Fühlt sich die Oberfläche kalt oder warm, glatt oder rau an? Gibt es Farbstrukturen und Muster in dem Kristall? Alternativ kannst du dich auch auf das Flackern einer Kerze oder auf die vorbeiziehenden Wolken konzentrieren.

- Den Körper Stück für Stück entspannen. Nimm, bei den Füßen anfangend, bewusst wahr, ob diese kalt oder warm sind. Gibt es Verspannungen? Sende deinen Atem in die Füße und entspanne diese. Arbeite dich dann nach und nach hoch, über die Beine, den Bauch, die Brust, den Rücken, die Arme und Hände bis hoch in den Kopf. Nimm dir Zeit, um alle Verspannungen zu lösen.
- Bewegungsmeditation. Mache eine schöne Musik an und fühle dich in diese hinein. Beginne dann, ganz intuitiv deinen Körper dazu zu bewegen, egal ob es nur ein leichtes Hin- und Herwiegen ist oder ob du wild durch das ganze Zimmer tanzt.
- Mache Yoga, Qi-Gong oder eine ähnliche Sportart, bei welcher der Fokus mit auf der Atmung liegt.

Für Interessierte gibt es natürlich noch viel mehr Techniken, die man ausprobieren kann. Ob man nun im Wald spazieren geht und alles bis auf den Vogelgesang ausblendet, die Treppen läuft und dabei die Stufen zählt oder eine Wechselatmung durchführt – das Wichtigste ist, sich immer wieder auf den gegenwärtigen Augenblick zu konzentrieren. Dabei ist es nicht schlimm, wenn die Gedanken abschweifen (was sie unweigerlich tun werden). Man muss sich nur bewusst machen, dass man gerade an etwas außerhalb des gegenwärtigen Moments gedacht hat, und dann den Fokus sachte zurückbringen.

Weißt du, dass die Bäume reden? Ja, sie reden. Sie sprechen miteinander, und sie sprechen zu dir, wenn du zuhörst [...] Ich selbst habe viel von den Bäumen erfahren: manchmal etwas über das Wetter, manchmal über Tiere, manchmal über den Großen Geist.

Tatanga Mani

3. Sich schützen und erden

Manche Menschen glauben an dunkle Entitäten, vor denen man sich schützen muss, während andere das für Unsinn halten. Unabhängig von der eigenen Meinung dazu, kann es jedoch nie schaden, sich regelmäßig energetisch zu schützen, da man in jedem Fall mit anderen Menschen in Kontakt kommt – sei es auf der Arbeit, im Bus oder im Supermarkt. Wahrscheinlich hat sich jeder schon mal gefragt, warum man eigentlich nach einer Shoppingtour in der Stadt so erledigt ist?! Nun, zum großen Teil liegt das an unserer Aura, welche aus mehreren feinstofflichen Schichten besteht, die sich bis zu einem Meter um unseren physischen Körper herum ausdehnen. Diese Auraschichten tauschen ständig Energien mit den Auren von anderen Lebewesen aus, sobald sie in Kontakt miteinander kommen. Und so ist es ein Leichtes, dass man im Laufe des Tages unbewusst negative Emotionen von den anderen Menschen um sich herum annimmt, wenn man sich nicht schützt.

Ganz zu schweigen von der Tatsache, dass es eine sehr schnelle Methode gibt, sich energetisch zu schützen. Hierzu stellst du dir einfach vor, dass du in einer Lichtschutzkugel stehst, die dich vollständig umschließt und nur die positiven Energien durchlässt, während alles Negative daran abprallt. Diese Schutzkugel kann zum Beispiel aussehen wie eine schillernde Seifenblase, eine winterliche Schneekugel oder ein blauer Kristall. Wichtig ist dabei nur, dass diese Kugel so groß ist, dass sie auch deine Aura mit umschließt.

Ein weiterer Punkt, der bei vielen Menschen in der heutigen Zeit leider zu kurz kommt, ist das regelmäßige Erden. Dadurch, dass wir in Häusern, abgeschnitten von dem Wind und der Sonne, leben, auf asphaltierten Wegen und Straßen laufen und die meiste Zeit des Tages Schuhe tragen, ist unsere natürliche Verbindung zu Mutter Erde ins Hintertreffen geraten. Hierdurch fühlen wir uns oft isoliert, einsam, unsicher und machtlos.

Um dies zu ändern, gibt es zahllose Erdungstechniken, die du anwenden kannst. Du kannst barfuß auf einer Wiese laufen, einen Baum umarmen (und ja, dies funktioniert tatsächlich, da sich deine Aura mit der des Baumes verbindet), ein Vollbad mit natürlichen Salzen nehmen, eine Erdungsmatte benutzen, erdende Kristalle oder Düfte verwenden oder dir einfach vorzustellen, selbst ein Baum zu sein.

Letzteres ist die schnellste und einfachste Technik, da sie wie bei der Übung, sich auf den eigenen Atem zu konzentrieren, jederzeit und überall möglich ist. Du stellst dir hierbei einfach vor, dass Wurzeln aus deinen Füßen wachsen und sich tief in die Erde hineingraben. Diese kannst du dann dazu nutzen, um beim Einatmen goldene Energie aus der Erde in deinen Körper hineinströmen zu lassen. Umgekehrt lässt du beim Ausatmen die eigene, negative und stagnierende Energie in die Erde zurückfließen, wo sie umgewandelt wird.

Wachstum beginnt dort, wo wir unsere
Komfortzone verlassen.

Neale Donald Walsch

4. Das Kronenchakra öffnen und sich reinigen

Nachdem man die Verbindung zu Mutter Erde hergestellt hat, ist der zweite Punkt, über den man sich noch verbinden muss, das sogenannte Kronenchakra, welches sich mittig über dem Scheitel befindet. Hierzu kannst du dir einfach vorstellen, dass dort eine weiße oder violette Blume sitzt, die sich ganz öffnet. Dann stellst du dir vor, dass reines weißes Licht von den höheren Ebenen (egal ob du es nun das Universum, Gott oder die Urkraft nennen willst) durch das geöffnete Chakra in deinen physischen Körper und in deine Aura fließt. Ich selbst benutze hierbei gerne das Bild, unter einem Wasserfall zu stehen. Du kannst dir aber auch vorstellen, dich unter einer Dusche oder einem Regenbogen zu befinden oder dass ein funkelnder Stern dieses Licht aussendet.

Stelle dir nun vor, dass mit jedem Atemzug mehr Licht in dich hineinfließt und deinen Körper und deine Aura reinigt. Zunächst deinen Kopf, dann die Schultern, die Arme und

Hände, den Rücken, die Brust und den Bauch, bis in die Beine und Füße hinein. Es wäscht dabei alle dunklen und stagnierenden Energien aus dir heraus.

Bist du an diesem Punkt angekommen, solltest du schon viel zentrierter und ruhiger geworden sein.

Am Anfang benötigt man für diese Vorbereitungsschritte natürlich noch relativ lange. Du solltest dir gerade zu Beginn diese Zeit aber unbedingt nehmen, weil es dadurch viel einfacher wird, die Botschaften der Tiere zu empfangen. Zumal es mit etwas Übung auch immer leichter und schneller geht und man für alle Schritte zusammen bald nicht mehr als eine Minute benötigen wird.

Das Tiergespräch selbst gliedert sich dann ebenfalls in einige Schritte, welche Beachtung finden müssen:

- Die Herzverbindung herstellen
- Das Gespräch führen
- Sich gegebenenfalls in das Tier hineinfühlen
- Sich bedanken
- Die Verbindung lösen

Bevor wir uns diese Schritte jedoch genauer anschauen, wollen wir erst noch sehen, auf welchen Wegen die telepathische Kommunikation überhaupt erfolgt.

In uns tragen wir die Wunder, die wir draußen suchen.

Thomas Browne

5. Die Hellsinne

Es gibt sechs verschiedene Arten, Botschaften telepathisch zu empfangen. Diese sind:

- Das Hellsehen
- Das Hellhören
- Das Hellriechen
- Das Hellschmecken
- Das Hellfühlen
- Das Hellwissen

Beim Hellsehen empfängt man Bilder vor dem inneren Auge. Manchmal sieht man auch nur Farben oder Muster. Oder es spielt sich ein Video vor einem ab, entweder direkt aus der Perspektive des Tieres oder als Beobachter der Szene.

Beim Hellhören erscheinen die Botschaften des Tieres meist als Gedanken im Kopf, man kann aber auch Töne oder eine Stimme hören.

Eine Mischung aus dem Hellsehen und dem Hellhören ist es, wenn man Wörter geschrieben vor dem inneren Auge sieht und sich diese in Gedanken vorliest.

Beim Hellriechen nimmt man Gerüche wahr, die eigentlich nicht da sind.

Beim Hellschmecken kann man Geschmäcker wahrnehmen, obwohl man gerade nichts isst (bei der Frage an den Hund, was dessen Lieblingsessen ist, nicht gerade die angenehmste Form der Antwort, vor allem wenn diese Pansen lautet ...)

Das Hellfühlen bedeutet, dass man einerseits Gefühle empfängt, zum Beispiel Angst oder Verwirrung. Zum anderen kann man aber auch körperlich ein Zwicken oder ein Druckgefühl spüren, wenn das Tier zum Beispiel Schmerzen hat.

Das Hellwissen schließlich bedeutet, dass man die Antwort des Tieres einfach „weiß“, obwohl man nicht erklären kann, wie, weil man eben kein Bild und keine Stimme empfangen hat.

Oftmals haben wir zwischen ein und drei Kanäle, die stärker ausgebildet sind als die anderen und über die wir die Botschaften hauptsächlich wahrnehmen werden. Mit genügend Übung können wir aber nach und nach alle unsere Heilsinne aktivieren.

Der untrüglichste Gradmesser für die Herzensbildung eines Volkes und eines Menschen ist, wie sie die Tiere betrachten und behandeln.

Berthold Auerbach

6. Die Herzverbindung herstellen

Man kann mit einem Tier direkt kommunizieren, wenn man es vor sich sieht, oder auch mit einem Foto arbeiten. Zu Beginn finde ich die Kommunikation mithilfe eines Fotos sogar einfacher, weil man dann weniger abgelenkt ist und die eigenen Sinne nicht auch noch aufnehmen müssen, was das Tier gerade tut und wie es sich verhält. Gerade bei Wildtieren wie Vögeln oder Insekten, die man unterwegs trifft, ist dies allerdings nur schwer möglich.

Wenn man den Kontakt zu einem Tier aufnehmen möchte, ist der erste Schritt in jedem Fall, eine Herzverbindung herzustellen. Dazu kann man sich einen Regenbogen vorstellen, der vom eigenen Herzen zum Herzen des Tieres führt und über den die Nachrichten übermittelt und empfangen werden.

Zum Senden von Gedanken stellst du dir dann einfach vor, dass diese über den Regenbogen wandern und von dem Tier empfangen werden. Wenn du keine gute bildliche Vorstellungskraft hast, kannst du auch einfach darum bitten, dass eine solche Verbindung hergestellt wird und das Tier deine Botschaft empfängt.

Der erste Gedanke sollte – der Höflichkeit halber – dann der eigene Name sein sowie der Grund, warum man Kontakt aufnimmt, vor allem dann, wenn das Tier einen noch nicht kennt. Denn auch ein tierischer Gesprächspartner möchte gerne wissen, mit wem er es zu tun hat.

In diesem Zuge sollte man dann auch gleich abklären, ob das Tier überhaupt Zeit und Lust auf ein Gespräch hat. Die meisten Tiere sprechen zwar sehr gerne mit Menschen und freuen sich darüber, wenn wir uns die Zeit nehmen, sie mal wirklich zu sehen und ihre Meinung zu hören. Aber dennoch kann es passieren, dass das Tier gerade mit etwas anderem beschäftigt oder auch einfach nur schlecht gelaunt ist und deshalb keine Lust hat, zu plaudern. Und das A und O bei der Tierkommunikation ist es stets, das Tier und dessen Entscheidungen zu respektieren und es als ebenbürtigen Gesprächspartner zu achten.

Sollte man also das intuitive Gefühl haben, dass das Tier nicht mit einem sprechen möchte, sollte man diese Entscheidung akzeptieren und es gegebenenfalls später noch einmal versuchen.

Ist das Tier hingegen bereit für ein Gespräch und man hat das Gefühl, dass man willkommen ist, kann man mit dem nächsten Schritt weitermachen ...

Wir haben unsere Sprache nicht verloren! Wir sprechen in unseren Seelen, in unseren Herzen weiter und werden finden. Finden die, die uns verstehen, um dann gemeinsam die Sprache der Erde des Lebens zu sprechen!
Seh in die Augen des Falken, er ist klar und betrachtet ohne zu verurteilen. Seh in die Augen der Krähe, sie wird dir zeigen was hinter dem Ganzen ist. Seh in die Augen des Wolfes, er ist deine Familie. Seh in die Augen der Schlange, sie ist weise. Seh in deine Augen und du wirst erkennen - alles ist eins!

Indigene Weisheit, Verfasser unbekannt

7. Das Gespräch führen

Man kann das Gespräch gut mit einer Frage starten, die man sich vorher zurechtgelegt hat. Oder auch einfach mit dem Hinweis, dass man sich gerne unterhalten möchte und ob das Tier ein bestimmtes Thema hat, über das es sprechen möchte. Danach entwickelt sich die Unterhaltung dann meist ganz natürlich – eben genauso wie man auch ein Gespräch mit einem Menschen führt.

Natürlich hat jedes Tier seinen ganz eigenen Charakter. Manche sprechen gerne über ihr Leben in dieser Inkarnation, was sie besonders gerne fressen oder spielen oder was sie sich anders wünschen würden. Andere sind spiritueller und reden gerne über die geistige Welt oder was sie sich zu lernen erhofften, indem sie sich diese Gestalt und dieses Leben ausgesucht haben. Von einer Unterhaltung über das Wetter bis hin zu einem tiefgreifenden Gespräch über den Sinn des Lebens kann also alles passieren.

Denn wer glaubt, Tiere sind weniger schlau als Menschen, der irrt. Meist haben sie sogar ein besseres Verständnis von den wichtigen Dingen des Lebens, da sie ihre Seele und „die andere Seite“ während ihrer Inkarnation nicht vergessen. Dies ist auch der Grund, warum sie, anders als viele Menschen, den „Tod“ nicht fürchten, da sie wissen, dass dieser lediglich ein Hinübergleiten von einem Bewusstseinszustand zum nächsten ist. Und so können die Tiere uns vieles an Wissen vermitteln, welches in uns verschüttet gegangen ist.

Im Übrigen kannst du auch noch auf eine weitere Art mit einem Tier kommunizieren, nämlich indem du dich in dieses hineinfühlst – sofern das Tier es erlaubt (achte, wie auch bei der Frage, ob es mit dir reden möchte, auf dein Gefühl bzw. auf die Antwort, die du erhältst – ist sie positiv oder ablehnend?) Wenn das Tier dazu bereit ist, stelle dir einfach vor, dass du deinen eigenen Körper verlässt und in den Körper des Tieres eintauchst. Spüre, wie sich der Körper des Tieres anfühlt. Wie ist es zum Beispiel, als Katze auf allen vieren zu laufen und die Welt von so weit unten zu betrachten? Wie anders sieht nun alles um dich herum aus? Bewege den Schwanz und die Ohren. Was kannst du nun hören, was du als Mensch gar nicht wahrgenommen hast? Wie ist es, wenn du mit den Schnurrbarthaaren an einen Gegenstand kommst? Gibt es irgendwo in diesem dir neuen Körper Einschränkungen und Blockaden? Fühlst du irgendwo einen Schmerz? Erlebe alle Sinne des Tieres und wandere mit deinem Bewusstsein durch dessen gesamten Körper. Und wenn du damit fertig bist, stelle dir vor, wie du diesen wieder verlässt und in deinen eigenen zurückgleitest.

Der Mensch hat das Netz des Lebens nicht gewebt, er ist nur ein Faden darin. Was immer er ihm antut, tut er sich selbst an.

Chief Seattle

8. Sich bedanken und die Verbindung lösen

Nachdem man seine eigenen Botschaften mitgeteilt (ein Tiergespräch eignet sich im Übrigen auch hervorragend, um das Tier auf neue Gegebenheiten wie einen Umzug oder ein neues Familienmitglied vorzubereiten) und die Fragen des Tieres beantwortet hat, ist der Zeitpunkt gekommen, sich zu bedanken.

Leider ist bei vielen Menschen in der heutigen Zeit die Dankbarkeit etwas abhandengekommen, obwohl diese energetisch so wichtig ist. Warum dies so ist, hat mir eine Kuh in einem Tiergespräch mitgeteilt:

„Ihr Menschen seht euch außerhalb des ewigen Kreislaufs der Natur, aber das stimmt nicht. Denn auch als Vegetarier oder Veganer esst ihr Pflanzen, die ebenfalls über ein Bewusstsein verfügen. Und mit eurem Tod tragt ihr wiederum dazu bei, dass sich andere Lebensformen – und seien es nur Bakterien – von euren sterblichen Überresten ernähren. Es ist also das Natürlichste der Welt, dass Lebewesen sterben und andere Lebensformen diese verwerten, um Nährstoffe zu erhalten, die sie zum eigenen Überleben benötigen. Man kann diesem Kreislauf nie entkommen, solange man inkarniert ist. Dessen waren sich die indigenen Bevölkerungsgruppen der Menschen, welche die Jagd noch als Geschenk zelebrieren, stets bewusst. Und spätestens beim Töten des Tieres dankten sie diesem für das Opfer. Und dessen sind sich auch die Tiere sehr bewusst, wenn sie einen Seelenvertrag mit einem Räuber eingehen, welcher sie tötet. Oder wenn sie, wie ich, als Nutztier bei den Menschen gehalten werden. Wir sind bereit und willens, unser Leben zu geben. Das Einzige, was wir im Gegenzug erbitten, ist, dass wir bis zu diesem Ende ein gutes Leben haben und dass unser Opfer gedankt wird. Denkt bitte nicht, dass es ein grundsätzliches Problem ist, Tiere zu töten und ihr Fleisch zu essen, wenn ihr dieses mögt. Das Problem ist vielmehr die Haltung der Tiere, die ihr Leben lang leiden, bis sie unter Qualen getötet werden. Ein solches Vorgehen schadet nicht nur den Tieren selbst, sondern auch den Menschen, die sie essen, weil die Energien der Panik und Trauer in das Fleisch und die Milch übergehen, die ihr dann zu euch nehmt. Es muss eine grundlegende Revolution der Haltungsreform erfolgen, sodass das Leben für die Nutztiere bis zu deren Sterben wieder lebenswert wird und sie nicht mit Antibiotika vollgepumpt in engen Pferchen eingezwängt werden. Dies wird nicht von jetzt auf gleich überall umsetzbar sein. Aber es gibt zumindest eine Sache, die jeder Mensch jetzt sofort ändern kann. Spätestens wenn die Lebensmittel auf eurem Teller landen, solltet ihr den Tieren und Pflanzen für deren Opfer danken. Es kostet nur einen kurzen Moment, kann aber so viel Positives bewirken – für die Tiere und für euch selbst.“

Sobald man das Gespräch beendet und sich bedankt hat, bleibt dann noch der letzte Schritt – die Verbindung wieder zu lösen, in dem Wissen, dass man jederzeit wieder mit dem Tier in Kontakt treten kann. Dazu kannst du dir einfach eine strahlende Sonne vorstellen, welche den Regenbogen zwischen euren beiden Herzen auflöst.

Gratulation, du hast nun erfolgreich deine erste Tierkommunikation durchgeführt – oder vielleicht hat es auch nicht funktioniert?

Derjenige, der die Frage stellt, ist ein Narr für fünf Minuten. Aber derjenige, der nicht fragt, bleibt ein Narr für immer.

Buddha

9. Warum funktioniert es nicht - Teil I

Ich habe die Erfahrung gemacht, dass es drei Hauptgründe gibt, warum die Tierkommunikation nicht klappen will und wir keine Botschaften empfangen:

Zu wenig Übung

Der erste Grund ist schlicht und einfach, dass du es noch nicht lange genug versuchst. Die Fähigkeit zur Telepathie ist bei den meisten Menschen tief im Unterbewusstsein vergraben, und sie wieder an die Oberfläche zu holen, erfordert Übung, Übung und noch nochmals Übung.

Als Erwachsene sind wir sehr ungeduldig geworden, wenn etwas nicht gleich funktioniert und geben schnell auf. Deshalb sollten wir an unsere Kindheit zurückdenken und wie viel Mühe wir damals hatten, um alles zu erlernen, was wir zum Leben brauchten. Zuerst lernten wir zu krabbeln, dann zu laufen und zu sprechen. Wir mussten in der Schule die Buchstaben und das Einmaleins lernen und zu Hause, wie man Schnürsenkel bindet, ein Messer benutzt oder Fahrrad fährt. Die ganze Kindheit besteht aus Erfolgen, die aus Niederlagen geboren werden. Denn wie oft sind wir hingefallen, bevor es uns gelingen wollte, auf den Beinen zu bleiben? Und doch haben wir nie aufgegeben, bis es endlich geklappt hat. Und dasselbe Durchhaltevermögen müssen wir uns auch jetzt wieder aneignen und solange am Ball bleiben, bis wir die Botschaften der Tiere verstehen.

Zu wenig Fantasie

Wenn man ein sehr rational denkender Mensch ist, der wenig Sinn in Tagträumen sieht und nicht kreativ tätig ist, kann es umso länger dauern, bis man mit der Tierkommunikation Erfolg hat. Einschränkende Überzeugungen werden zuhauf an die Tür klopfen und dir erzählen, dass das doch alles Unsinn ist und dass Tiere gar nicht sprechen können. Und selbst wenn sie das könnten, dann gibt es höchsten eine Handvoll Leute, die diese spezielle Gabe haben …

Das eigene Ego geht gegen alles vor, was seine Grundfesten erschüttern könnte, und wenn die Tierkommunikation noch außerhalb deiner Komfortzone liegt und du an ihr beziehungsweise deinen eigenen Fähigkeiten zweifelst, hilft es nur, sich durch das Studium von Büchern oder dem Belegen von Kursen Stück für Stück davon zu überzeugen, dass es wirklich möglich und für jeden einzelnen Menschen erfahrbar ist.

Alle Tiere haben Mächte in sich, denn der große Geist wohnt in allen, auch in der kleinen Ameise, in einem Schmetterling, Auch in einem Baum, in einer Blume und in einem Felsen.

Petaga Yuha Mani

10. Warum funktioniert es nicht - Teil II

Zu viel Fantasie

Der dritte Grund schließlich, warum die Tierkommunikation nicht klappen will, ist zu viel Fantasie. „Zu viel Fantasie?“, fragst du. „Wie kann das sein, wenn doch der zweite Grund war, dass man seine Vorstellungskraft zu wenig nutzt?“ Nun, dafür sollten wir uns zunächst ansehen, was passiert, wenn wir sehr kreativ sind.

Stellen wir uns hierfür vor, dass du selbst Autor oder Autorin bist, dir ganze Welten und unendlich viele Szenen ausdenkst, alle möglichen Situationen in deinem Kopf durchspielst und dich mit deinen Charakteren streitest, weil diese eine andere Meinung haben, wie ihre Geschichte weitergehen sollte.

Wie unterscheidet sich diese Gewohnheit, die eigene Imagination zu nutzen, um sich Dinge außerhalb der eigenen weltlichen Wahrnehmung vorzustellen, von einem Tiergespräch? Tja, zunächst einmal gar nicht. Denn da die Tierkommunikation nur in deinem Kopf stattfindet und nicht objektiv messbar ist, haben sehr kreative Menschen gerade zu Beginn oft den Gedanken, sich alles nur einzubilden. Zudem verläuft die Telepathie so subtil, dass sich die Antworten der Tiere nicht wesentlich von unserer eigenen inneren Stimme und von denen unserer erdachten Charaktere unterscheiden lassen.

Sollte dies also dein Problem sein, kommunizierst du wahrscheinlich schon längst erfolgreich mit Tieren. Du realisierst es nur noch nicht!

Die Lösung ist aber denkbar einfach. Du musst einfach weitermachen und dir sagen, dass du dir die Tiergespräche dann halt ausdenkst und es egal ist, ob die Botschaften nun „echt“ sind oder eben nicht (zumal Tiere auch keine Testfragen mögen, die nur dazu dienen, dass du deren Besitzer fragen kannst, ob du die Antworten richtig übermittelt bekommen hast). So kannst du dein Ego austricksen und zur Ruhe bringen, da es sicher nichts dagegen hat, wenn du auf diese Weise kreativ bist und deine Imagination schulst. Und währenddessen bekommst du genug Übung, weitere Tiergespräche zu führen und so nach und nach die feinen Unterschiede zwischen einer erdachten und einer wirklich empfangenen Botschaft auszumachen.

Glaube ist der Vogel, der singt, wenn die Dämmerung noch dunkel ist.

Rabindranath Tagore

11. Meine Geschichte - Teil I

Als ich begann, die Tierkommunikation zu erlernen, dachte ich zunächst, dass es diesen einen Aha-Moment geben müsste, an dem ich zum ersten Mal erfolgreich mit einem Tier sprechen würde. Aber dem war nicht so. Vielmehr war es nahtloser und zu der Zeit fast unsichtbarer Prozess, durch den ich rückblickend irgendwann sagen konnte, dass ich meine Telepathie wiederentdeckt hatte.

Zunächst hatte dies jedoch wenig mit den Tieren in meinem Leben zu tun ...

Natürlich hatte ich, wie wohl jeder andere auch, schon ein paar Mal Synchronizitäten erfahren, denen ich aber nie sonderlich viel Beachtung schenkte. So kam es mitunter vor, dass ich plötzlich Hunger auf Pizza hatte und meine Mutter kurz danach eine frische Pizza vom Einkauf mitbrachte oder dass ich im gleichen Moment denselben Gedanken wie jemand anderes hatte. Aber waren das nicht alles nur Zufälle? Nun, vielleicht hätte ich diese als Solches abgetan, wenn da nicht auf einmal ein Mensch in mein Leben getreten wäre, mit dem ich besser telepathisch verbunden war als mit jedem anderen zuvor. Dazu muss man wissen, dass er in einer anderen Zeitzone lebte und wir nur über Chats kommunizierten, wobei er mir oft nachts schrieb, wenn ich schlief. Irgendwann wurde es mir dann zur Gewohnheit, mitten in der Nacht ohne ersichtlichen Grund aufzuwachen, und ich merkte bald, dass es immer dann passierte, wenn er mir geschrieben hatte. Wer jetzt aber meint, es lag einfach nur am Piepton des Handys, das mich geweckt hatte, liegt falsch. Denn es kamen des Nachts auch andere Nachrichten rein, die mich nie aufweckten. Jedenfalls griff ich in Folge ganz automatisch zu meinem Handy, sobald ich wieder aufmachte, bis dann eines Nachts keine Nachricht von ihm zu sehen war. Verwirrt legte ich das Handy weg, welches fast zeitgleich mit einem Piepton von einer eingehenden Nachricht tönte. Ab diesem Zeitpunkt wachte ich immer schon auf, sobald er anfing, mir zu schreiben. Es reichte schon aus, dass er nur intensiv an mich dachte, dass ich auf der anderen Seite der Erdkugel aus dem Schlaf fuhr, wobei ich dann die Wahl hatte, entweder auf die Nachricht zu warten oder mich wieder umzudrehen und sie am Morgen zu lesen.

Meine Telepathie war also geweckt. Nur, wo blieben die Gespräche mit den Tieren, die ich mir so sehr ersehnte?

Behandele einen Stein wie eine Pflanze, eine Pflanze wie ein Tier und ein Tier wie einen Menschen.

Indigene Weisheit, Verfasser unbekannt

12. Meine Geschichte - Teil II

Die Zweifel an meinen eigenen Fähigkeiten und dass ich die Botschaften der Tiere nie verstehen würde, wurden lange Zeit nicht kleiner.

Dabei war ich mein Leben lang „tierverrückt“ gewesen und hatte schon immer mit allen möglichen Samtpfoten und gefiederten Freunden gesprochen. Wenn ich zum Beispiel einen Vogel auf dem Gehweg sah, sagte ich ihm in Gedanken, dass er sitzen bleiben könne und dass ich einen Bogen um ihn machen würde. Und wenn ich als Kind am örtlichen Pferdestall ankam, rief ich in Gedanken einen der Hunde dort und ließ ihn zum Gatter der inneren Reithalle kommen, wo wir immer gemeinsam saßen und ich ihn stundenlang kraulte.

Außerdem waren da auch noch die zwei Wellensittiche des Cousins meiner Mutter, bei dem ich mal eine Woche lang zu Besuch war. Die beiden lebten im selben Käfig, schienen sich aber nicht zu mögen und saßen so weit voneinander entfernt, wie es der Platz erlaubte.

Ich setzte mich während der Woche dann mehrmals zu ihnen und erzählte in Gedanken drauflos, dass ich selbst meine Erfahrungen mit Isolation und Einsamkeit gemacht hatte und ob es den beiden nicht viel besser gehen würde, wenn sie miteinander befreundet wären. Nach der Woche saßen die beiden dann dicht beieinander und liebkosten sich, als wären sie schon immer ein Herz und eine Seele gewesen.

Ich hatte also schon immer einseitige Gespräche mit den Tieren in meinem Leben geführt. Nur hatte ich bis dato leider nie die Erfahrung gemacht, eine telepathische Antwort zu erhalten, weil mein Kopf einfach zu angefüllt mit Ideen und Sorgen war, um wirklich empfangsbereit zu sein.

Also begann ich damit, regelmäßig zu meditieren und mich zu erden. Doch auch danach blieb der wirkliche Erfolg zunächst noch aus. Denn alle „Antworten", die ich erhielt, schienen nicht vom Tier zu kommen, sondern von mir ausgedacht zu sein. Sie klangen in meinem Kopf nicht anders als meine eigene innere Stimme. Bis mir schließlich irgendwann klar wurde, dass die ganzen „ausgedachten Gespräche", die ich übungsweise geführt hatte, gar nicht ausgedacht waren und dass ich bereits eine ganze Zeit lang erfolgreich kommuniziert hatte. Mit meinem eigenen Hund, mit den Katzen, die mich besuchten, und mit all den Wildtieren, die ich unterwegs traf. Wofür ich schlussendlich nur zwei Dinge gebraucht hatte – sehr viel Übung und den stetig wachsenden Glauben an meine Fähigkeiten. Ein Grundrezept, mit dem wirklich jeder die Tierkommunikation erlernen kann. Und mit dem auch du dich auf viele abenteuerliche und tiefgründige Gespräche freuen kannst.

A WAKAN

Unter dem Namen A. Wakan sind bereits weitere Bücher erschienen. Die beiden spirituellen Romane "Willow and Strix - A spiritual journey" und "Willow and Strix - A healing journey" (beide in englisch), sowie das Kinderbuch "Der kleine Lorbas Räubär" (deutsch) bzw. "Rascal, the little Lorbas" (englisch).

Loved this book?
Why not write your own at story.one?

Let's go!